स्वामी विवेकानंद

An Imprint of Om Books International

Published in 2015 by

An imprint of Om Books International

Corporate & Editorial Office
A 12, Sector 64, Noida 201 301
Uttar Pradesh, India
Phone: +91 120 477 4100
Email: editorial@ombooks.com
Website: www.ombooksinternational.com

Sales Office
107, Ansari Road, Darya Ganj,
New Delhi 110 002, India
Phone: +91 11 4000 9000, 2326 3363, 2326 5303
Fax: +91 11 2327 8091
Email: sales@ombooks.com
Website: www.ombooks.com

Content by Shubhojit Sanyal
Illustrations by Aadil Khan, John Paulose, Sijo John, Himanshu Sharma

ISBN : 978-93-82607-73-1

Printed in India

10 9 8 7 6 5 4 3 2 1

अनुक्रम

बचपन

स्वामी विवेकानंद का असली नाम नरेंद्रनाथ था। उनका जन्म 12 जनवरी 1863 को एक धनी परिवार में कलकत्ता में हुआ था, जो अब कोलकाता कहलाता है। उनके पिता विश्वनाथ दत्त कलकत्ता उच्च न्यायालय में वकील थे और उनकी माता भुवनेश्वरी देवी धार्मिक महिला थीं। नरेंद्र के पिता की प्रगतिशील और तार्किक सोच तथा माता की धार्मिक अभिरुचि ने उनके व्यक्तित्व का निर्माण किया।

Bhagavad-Gita

बचपन से ही नरेंद्र का रुझान अध्यात्म की ओर था। उन्हें पढ़ने का भी बहुत शौक था। वेद, उपनिषद, रामायण, महाभारत, भगवद गीता और पुराण जैसे प्राचीन धार्मिक साहित्य में उनकी गहरी रुचि थी।

नरेंद्र हरफ़नमौला थे। वे भारतीय शास्त्रीय संगीत, खेलकूद और जिमनास्टिक में बहुत अच्छे थे। उन्हें बहुत सारे विषयों की अच्छी जानकारी थी। उन्हें लोगों की सहायता करना बहुत अच्छा लगता था।

कलकत्ता विश्वविद्यालय के जनरल एसेंबलीज़ इंस्टीट्यूशन (अब स्कॉटिश चर्च कॉलेज) से स्नातक पास करने तक उन्होंने तमाम विषयों, ख़ासकर पश्चिमी दर्शन और इतिहास पर अच्छी महारत हासिल कर ली थी। वे योगी मानसिकता के थे और ध्यान लगाया करते थे। उनकी स्मरणशक्ति भी बहुत तेज़ थी।

ईश्वर की खोज

अपने बचपन से ही नरेंद्र के मन में संन्यासियों के प्रति बड़ा आकर्षण था और वे भी संन्यासी ही बनना चाहते थे।

युवावस्था की ओर बढ़ रहे नरेंद्र ईश्वर के अस्तित्व को लेकर संशय में रहते थे। अपने मन में उठने वाले प्रश्नों के उत्तर जानने के लिए विद्वानों और अध्यात्म के जानकारों से मिलने लगे, लेकिन कोई भी उनकी उत्सुकता शांत नहीं कर पाया।

कहा जाता है कि भारतीय रहस्यवादी संत रामकृष्ण परमहंस के बारे में नरेंद्र को सबसे पहली बार उनके कॉलेज के प्राचार्य विलियम हस्टी ने बताया था। 1881 में दक्षिणेश्वर में परमहंस से हुई मुलाकात ने नरेंद्र का जीवन बदल दिया।

निजी त्रासदी और आध्यात्मिक राह

संत रामकृष्ण परमहंस से नरेंद्र बहुत प्रभावित हुए। हालाँकि, पहले उन्होंने परमहंस को अपना गुरु नहीं माना था। उन्होंने परमहंस के विचारों का विरोध भी किया, लेकिन वे उनके व्यक्तित्व की ओर काफी आकर्षित हुए थे। वे उनसे मिलने बार–बार जाने लगे।

ब्रह्म समाज के सदस्य होने के कारण वे मूर्ति पूजा का विरोध करते थे, जबकि परमहंस काली की पूजा करते थे।

1884 में नरेंद्र के पिता की अचानक मौत हो गई। उनके परिवार की दुखहाली शुरू हो गई। कॉलेज में उनकी गिनती सबसे ग़रीब छात्रों में होने लगी थी। उन्होंने काम की तलाश की लेकिन उन्हें सफलता नहीं मिली। उन्होंने ईश्वर के अस्तित्व पर प्रश्न किए लेकिन शांति उन्हें परमहंस के पास ही मिलती थी।

इसी बीच परमहंस को गले का कैंसर हो गया। सितंबर, 1885 में वे श्यामपुकुर में आकर रहने लगे। कुछ माह बाद में काशीपुर आ गए। दोनों स्थानों पर उनके युवा शिष्यों ने पूरी श्रद्धा से उनकी देखभाल की।

परमहंस ने इन युवाओं को संन्यास और भाईचारे के संस्कार दिए।

एक दिन उन्होंने अपने शिष्यों को गेरुआ वस्त्र दिए और उन्हें भिक्षा लाने को कहा। संन्यासी का जीवन शुरू कराने का उनका यही तरीका था। नया मठ स्थापित करने के लिए उन्होंने नरेंद्र को दिशा–निर्देश दिए। आख़िरकार 16 अगस्त 1886 को रामकृष्ण परमहंस का निधन हो गया।

मठ में भाईचारा

परमहंस की मौत के बाद उनके शिष्य उत्तरी कोलकाता के बड़ानगर में एक पुरानी जर्जर इमारत में रहने लगे। यहीं पर नरेंद्र ने एक नए मठ की स्थापना की और 1887 में सभी शिष्यों ने संन्यास धारण करते हुए अपने नए नाम रख लिए। नरेंद्र ने अपना नया नाम स्वामी विविदिशानंद रख लिया।

शिष्यों ने अपने आपको अध्यात्म में समर्पित कर दिया। जल्द ही स्वामी विविदिशानंद को अंतर्मन की आवाज़ सुनाई दी, जिसमें उन्हें जीवन के बड़े उद्देश्य की याद दिलाई गई थी। उन्होंने परमहंस की पत्नी शारदादेवी से आशीर्वाद लिया और सब कुछ छोड़कर भारत–भ्रमण पर निकल पड़े।

1899 में बड़ानगर मठ को बेलूर में स्थापित किया गया, जो अब भी बेलूर मठ के नाम से मशहूर है।

देश भर की यात्रा

स्वामी विविदिशानंद ने देश के कोने–कोने की यात्रा की। अनेक तीर्थस्थलों पर भी वे गए। हर ओर ग़रीबी और पिछड़ापन देखकर उन्हें बहुत दुख हुआ।

इन यात्राओं के दौरान स्वामी विविदिशानंद ने अनेक विद्वानों, राजाओं, दीवानों और सरकारी अधिकारियों से मुलाकात की। वे समाज के सभी वर्गों के लोगों से मिले, जिनमें हिंदू, मुस्लिम, ईसाई और परिया, सभी शामिल थे।

इसी दौरान, 1893 में स्वामी विविदिशानंद ने अपने निकट मित्र और शिष्य खेतड़ी के महाराजा अजित सिंह के सुझाव पर अपना नाम बदलकर स्वामी विवेकानंद कर लिया।

स्वामी विवेकानंद की विदेश यात्रा

भारत भ्रमण के दौरान ही स्वामी विवेकानंद को 1893 में शिकागो में होने वाली विश्व धर्म संसद के बारे में पता चला। विवेकानंद के मित्रों ने उनसे धर्म संसद में भाग लेने का अनुरोध किया। स्वामी जी ने कहा कि वे तभी धर्म संसद में जाएँगे, जब उन्हें कन्याकुमारी में ध्यान के दौरान दैवीय निर्देश मिलेगा।

आख़िरकार, मई 1893 में स्वामी विवेकानंद अमेरिका जाने के लिए मुंबई से रवाना हुए। उनके लिए धन का इंतज़ाम उनके चेन्नई के शिष्यों ने और खेतड़ी के महाराजा ने मिलकर किया था।

जापान, चीन, कनाडा होते हुए विवेकानंद जुलाई, 1893 में शिकागो पहुँचे।

विश्व के सामने भारत का परिचय

स्वामी विवेकानंद की अमेरिका में कई लोगों से मुलाकात हुई। अपने व्यक्तित्व के बल पर उन्होंने सभी को प्रभावित किया।

अमेरिका पहुँचकर विवेकानंद को पता चला कि उन्हें किसी प्रतिष्ठित संगठन का समर्थन चाहिए होगा। विदेशी भूमि में उनके लिए यह संकट खड़ा हो गया था।

एक महिला ने स्वामी विवेकानंद पर दया करते हुए उन्हें भोजन और रुकने की जगह उपलब्ध करा दी। उस महिला ने विवेकानंद की बहुत सहायता की और उन्हें प्रतिष्ठित हॉर्वर्ड यूनिवर्सिटी के प्रोफेसर जॉन हेनरी राइट से मिलवाया।

स्वामी विवेकानंद से बातचीत में प्रोफेसर राइट ने उनके अंदर छिपी प्रतिभा को पहचान लिया। उन्होंने विवेकानंद के लिए अनुशंसा का पत्र लिख दिया।

विश्व धर्म संसद

प्रोफेसर राइट का अनुशंसा पत्र लेकर 11 सितंबर, 1893 को स्वामी विवेकानंद आख़िरकार विश्व धर्म संसद में पहुँच गए।

स्वामी विवेकानंद ने धर्म संसद में अपने संबोधन से ही सबको ज़बरदस्त ढंग से प्रभावित किया। भाषण की शुरुआत ही उन्होंने "मेरे अमेरिकी भाइयो और बहनो" बोलकर की जिसका उपस्थित जनसमुदाय ने भारी हर्षध्वनि से स्वागत किया। करीब दो मिनट तक तालियाँ बजती रहीं।

विश्व धर्म संसद में अपने भाषण के कारण विवेकानंद दुनिया भर में मशहूर हो गए। उन्हें "दैवीय प्रतिभा के वक्ता" और "भारतीय ज्ञान के पश्चिमी जगत के दूत" के रूप में जाने जाना लगा।

अपने छोटे से भाषण में ही उन्होंने धर्म और उसकी सार्वभौमिकता के बारे में बताया। इसके बाद हिंदुत्व और बौद्ध धर्म के बारे में वे धर्म संसद में कई बार बोले।

बढ़ती लोकप्रियता

स्वामी विवेकानंद अमेरिका में तुरंत ही बेहद लोकप्रिय हो गए। वहाँ के अख़बारों में उनके बारे में काफी कुछ लिखा गया। वे जहाँ भी गए, हर जगह उन्हें बेहद सम्मान मिला।

स्वामी विवेकानंद ने रामकृष्ण परमहंस से हिंदू धर्मग्रंथों के बारे में जो कुछ सीखा था, उसे करीब साढ़े तीन वर्षों तक वे अमेरिका और लंदन में लोगों को बताते रहे। 1894 में उन्होंने न्यूयॉर्क में वेदांत सोसायटी की स्थापना की।

1895 में स्वामी विवेकानंद इंग्लैंड गए। वहाँ भी उन्होंने भारी लोकप्रियता अर्जित की। इंग्लैंड में वे मार्ग्रेट एलिज़ाबेथ नोबेल से मिले, जो बाद में भारत आ गईं और उन्होंने अपना सारा जीवन विवेकानंद के सिद्धांतों और शिक्षा के प्रति समर्पित कर दिया।

उन्होंने अपना शेष जीवन महिलाओं को शिक्षित करने में और भारतीय स्वतंत्रता संग्राम में सहयोग करने में लगाया। स्वामी विवेकानंद ने उन्हें भगिनी निवेदिता का नाम दिया और वे इसी नाम से भारत में लोकप्रिय हुईं।

1896 में स्वामी विवेकानंद दोबारा इंग्लैंड गए। इस बार उनकी भेंट जर्मन प्राच्यविद मैक्स मूलर से हुई। उनके साथ विवेकानंद ने हिंदू धर्मग्रंथों और दर्शन के बारे में ज्ञानवर्धक चर्चा की। दोनों विद्वान एक दूसरे के ज्ञान से बेहद प्रभावित हुए। इस मुलाकात के बाद दोनों के बीच अच्छी मित्रता हो गई जो हमेशा कायम रही। जनवरी, 1897 में विवेकानंद भारत लौट आए।

स्वामी विवेकानंद भारत में पहले रामेश्वरम गए और उसके बाद उन्होंने मद्रास और कोलकाता की यात्रा की।

पश्चिमी देशों में आध्यात्मिक भाषण देने के बाद अब विवेकानंद ने भारत की सामाजिक विषमता पर ध्यान लगाया। उन्होंने ग़रीबी और जातिप्रथा मिटाने के लिए अथक प्रयास किया और भारत से ब्रिटिश उपनिवेशवाद समाप्त करने के लिए भी आवाज़ उठाई। उनके भाषणों ने महात्मा गाँधी, बाल गंगाधर तिलक और नेताजी सुभाषचंद्र बोस जैसे स्वाधीनता सेनानियों को काफी प्रभावित किया।

रामकृष्ण मिशन

मई 1897 में स्वामी विवेकानंद ने कोलकाता में रामकृष्ण मिशन की स्थापना की। अगले साल इसका मुख्यालय बेलूर मठ में स्थानांतरित कर दिया गया। रामकृष्ण मिशन ने हिंदू दर्शन के प्रचार–प्रसार करने के साथ–साथ अस्पताल, स्कूल, कॉलेज, छात्रावास चलाने जैसे समाज–सेवा के कार्य भी शुरू किए। भारत और अन्य देशों के विभिन्न हिस्सों में प्राकृतिक आपदाओं के पीड़ितों के राहत और पुनर्वास के लिए भी मठ ने कार्य किया।

ख़राब सेहत के बावजूद स्वामी विवेकानंद ने 1899 में भगिनी निवेदिता के साथ एक बार फिर पश्चिमी देशों की यात्रा की। इस बार उन्होंने अधिकतर समय अमेरिका के पश्चिमी तट पर बिताया।

स्वामी विवेकानंद की अमेरिका यात्रा बहुत फलदायक रही। उन्होंने सेन फ्रांसिस्को में अनेक वेदांत समितियाँ स्थापित कीं।

1900 में वे धर्म सम्मेलन में भाग लेने के लिए पेरिस भी गए। पेरिस में कई भाषण देने के बाद वे दिसंबर, 1900 में बेलूर मठ लौट आए। अपना शेष जीवन उन्होंने भारत में ही लोगों को जाग्रत करने और राह दिखाने में बिताया।

महान आत्मा का बिछुड़ना

स्वामी विवेकानंद दमा, मधुमेह और अनिद्रा से गंभीर रूप से पीड़ित हो चुके थे।

4 जुलाई 1902 को अपने दैनिक कामकाज करने के बाद विवेकानंद अपने कक्ष में आ गए। उन्होंने सबसे कह दिया कि कोई उनके पास न आए। कुछ ही देर बाद, उन्हें दिल का दौरा पड़ गया और उनका निधन हो गया। उस समय उनकी उम्र 40 साल भी नहीं हुई थी।

स्वामी विवेकानंद का अंतिम संस्कार बेलूर मठ में किया गया। बीसवीं सदी के अनेक भारतीय नेता और दार्शनिकों ने उनकी महानता और प्रभाव का लोहा माना। महान दार्शनिक श्री अरविंदो ने उन्हें भारत को आध्यामिक रूप से जाग्रत करने वाला बताया। राष्ट्रपिता महात्मा गाँधी ने उन्हें ऐसा हिंदू समाज सुधारक बताया जिसने कुप्रथाओं को मिटाने और हिंदू गौरव बढ़ाने में मुख्य भूमिका निभाई।

नेताजी सुभाषचंद्र बोस ने विवेकानंद को "आधुनिक भारत का निर्माता" की संज्ञा दी थी।

रवींद्रनाथ ठाकुर ने एक बार कहा था, "अगर आप भारत को जानना चाहते हैं, तो विवेकानंद को पढ़िए। उनमें सब कुछ सकारात्मक है और नकारात्मक कुछ भी नहीं।"

स्वामी विवेकानंद की शिक्षाएँ

स्वामी विवेकानंद के आदर्श आज भी दुनिया भर के लोगों को प्रभावित कर रहे हैं। उन्हें अनेक पुस्तकों के लेखक के रूप में भी याद किया जाता है।

स्वामी विवेकानंद की शिक्षा थी, "सबको अपना तन, मन और वाणी विश्व कल्याण के लिए समर्पित करना चाहिए।" "निर्धन, निरक्षर, अज्ञानी और पीड़ित ही तुम्हारे भगवान होने चाहिए। इनकी सेवा ही श्रेष्ठतम धर्म है।"

नाम या दाम बल नहीं हैं; प्रसिद्धि या ज्ञान भी बल नहीं हैं; चरित्र के बल पर ही कठिनाइयों की अभेद्य दीवारें पार की जा सकती हैं।

दूसरों पर दोषारोपण मत करो; किसी की निंदा न करो। अगर तुम मदद के लिए हाथ बढ़ा सकते हो, तो ज़रूर बढ़ाओ।

अगर ऐसा नहीं कर सकते, तो अपने हाथ जोड़ो और अपने भाइयों को शुभकामनाएँ दो, और उन्हें स्वयं अपनी राह तय करने दो।

आपका दृष्टिकोण ही मायने रखता है; हमारे मानसिक दृष्टिकोण के अनुसार इस जगत का हमारे लिए अर्थ तय होता है। हमारे विचार ही चीज़ों को सुंदर बनाते हैं, हमारे विचार ही चीज़ों को कुरूप बनाते हैं।

वास्तविक बनिए; श्रेष्ठतम धर्म अपनी प्रकृति के साथ सच्चा होना है। अपने आप में विश्वास रखिए!

मनुष्य किसी भी धर्म में पैदा नहीं होता; धर्म उसकी आत्मा में ही होता है।

मरते दम तक काम करते रहो—मैं तुम्हारे साथ हूँ, और जब मैं चला जाऊँगा, तब मेरी आत्मा तुम्हारे साथ रहेगी।

हम ऐसी शिक्षा चाहते हैं, जो चरित्र निर्माण करे, मानसिक शक्ति बढ़ाए, बुद्धि का विस्तार करे, और जिसके बल पर मनुष्य अपने पैरों पर खड़ा हो सके।

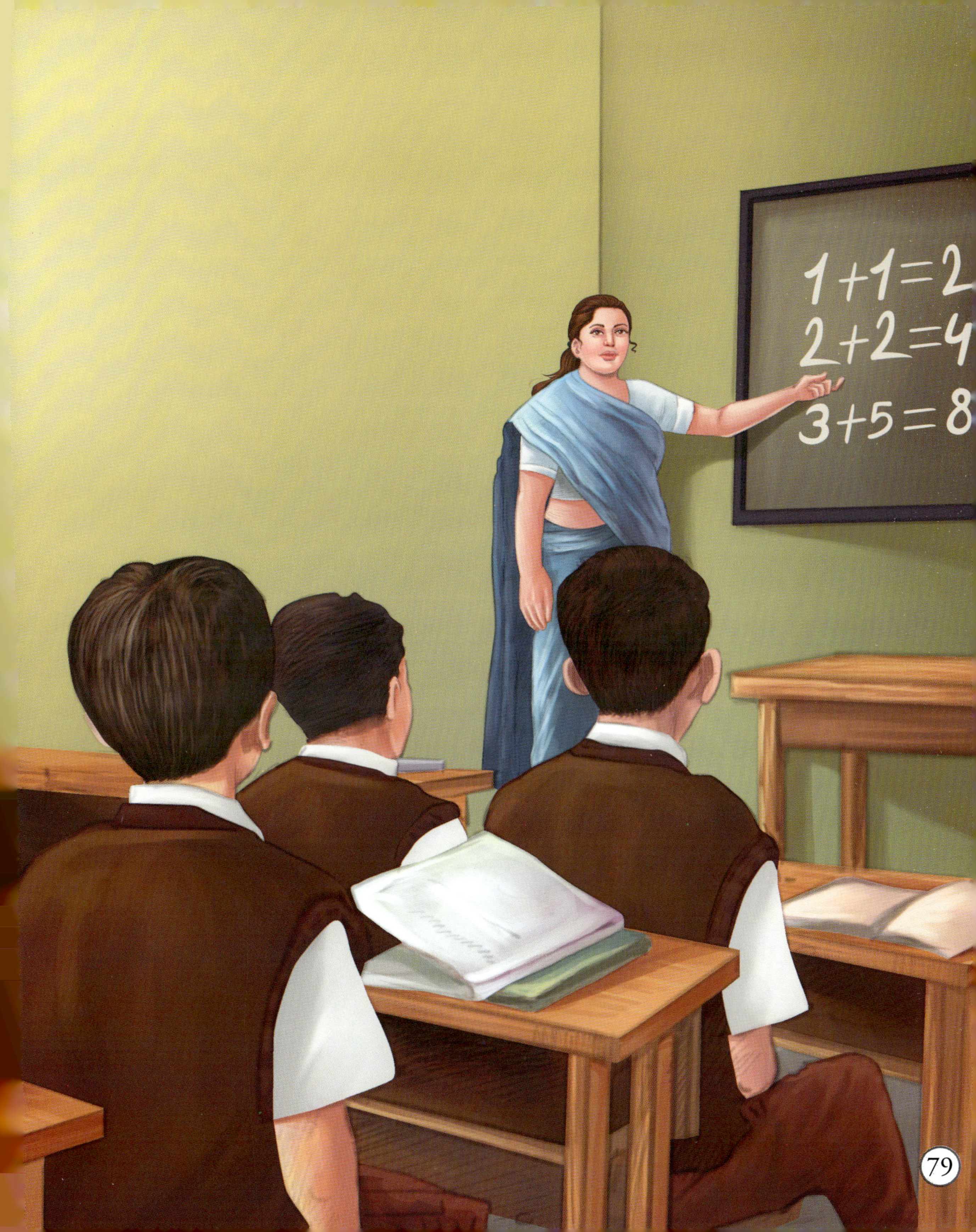
1+1=2
2+2=4
3+5=8

TITLES IN THIS SERIES